全国技工院校汽车维修专业（中级技能层级）

U0907290

汽车底盘构造与维修（第二版）
习题册

刘金峰◎主编

中国劳动社会保障出版社

简介

本习题册是全国技工院校汽车维修专业模块化教材（中级技能层级）《汽车底盘构造与维修（第二版）》的配套用书。习题册内容紧扣教学要求，注重基础知识的巩固和基本能力的培养，知识点分布均衡，题型丰富，难易适当，有助于学生复习巩固所学知识。

本习题册由刘金峰任主编，刘伟、楚春红、张娜、李亚伟、李广英参加编写；余成路任主审。

图书在版编目（CIP）数据

汽车底盘构造与维修（第二版）习题册 / 刘金峰主编. -- 北京 : 中国劳动社会保障出版社，2024.
（全国技工院校汽车维修专业 : 中级技能层级）.
ISBN 978-7-5167-6574-6

Ⅰ. U463.1-44；U472.41-44

中国国家版本馆 CIP 数据核字第 2024N47Z20 号

中国劳动社会保障出版社出版发行

（北京市惠新东街 1 号　邮政编码：100029）

*

北京鑫海金澳胶印有限公司印刷装订　　新华书店经销

787 毫米 ×1092 毫米　16 开本　3.25 印张　64 千字

2024 年 7 月第 1 版　　2025 年 8 月第 2 次印刷

定价：7.00 元

营销中心电话：400-606-6496

出版社网址：http://www.class.com.cn

http://jg.class.com.cn

版权专有　　侵权必究

如有印装差错，请与本社联系调换：（010）81211666

我社将与版权执法机关配合，大力打击盗印、销售和使用盗版图书活动，敬请广大读者协助举报，经查实将给予举报者奖励。

举报电话：（010）64954652

目 录

模块一　汽车底盘概述

一、填空题（将正确答案填在横线上）

1. 汽车底盘由____________、____________、____________和____________四部分组成。

2. 汽车传动系的功用是将汽车发动机的动力按需要传给____________，使路面对驱动轮产生牵引力，驱动汽车行驶。

3. 汽车转向系的功用是________和________汽车行驶方向。

4. 一般汽车制动系应设有________制动系和________制动系。

二、选择题（将正确答案的序号填在括号内）

1. 以下不是机械式传动系组成的是（　　）。

A．离合器　　　　B．变速器

C．驱动桥　　　　D．液力变矩器

2. 汽车的装配基础是（　　）。

A．车架　　　　B．发动机

C．车身　　　　D．车轮

3. 以下不是转向传动机构的是（　　）。

A．转向摇臂　　　　B．转向节臂

C．转向横拉杆　　　　D．转向器

三、判断题（正确的打"√"，错误的打"×"）

1. 转向器能够减小由转向盘传到转向节的力，并改变力的传动方向。（　　）

2. 汽车上常用的制动器都是利用固定元件与旋转元件工作表面之间的摩擦力而产生制动力矩。（　　）

3. 为了减少车辆行驶时的冲击与振动，在车架与车桥之间安装悬架。（　　）

四、看图填空

根据图 1-1，填写汽车行驶系各部件的名称。

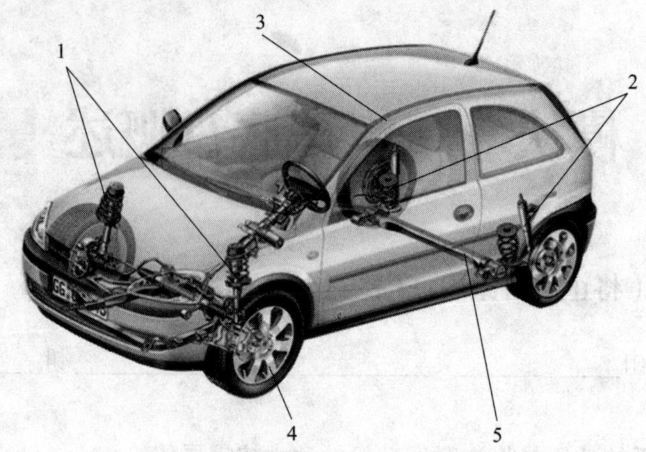

图 1–1 汽车行驶系的组成

1—________________ 4—________________

2—________________ 5—________________

3—________________

模块二 汽车传动系

课题1 汽车传动系概述

一、填空题（将正确答案填在横线上）

1. 发动机前置、后轮驱动的传动系布置形式，称为________型。

2. 液力机械式传动系的特点是组合运用液力传动和机械传动，以液力机械式变速器取代机械式传动系中的________________和________________。

二、判断题（正确的打“√”，错误的打“×”）

1. 离合器的基本功用是按照需要适时地切断或接合发动机与传动系之间的动力传递。（ ）

2. 变速器的基本功用是改变发动机输出转速的高低、转矩的大小以及输出轴的旋转方向，也可以切断发动机向驱动轮的动力传递。（ ）

3. 万向传动装置的基本功用是在轴间夹角及相互位置经常发生变化的转轴之间传递动力。（ ）

4. 主减速器的基本功用是降低转速，增大扭矩，改变动力的传递方向。（ ）

5. 差速器的基本功用是将主减速器传来的动力分配给左右两半轴，并允许两半轴以不同角速度旋转，以满足左右两驱动轮在行驶过程中差速的需要。（ ）

6. 半轴的功用是将差速器传来的动力传给驱动轮，使驱动轮获得旋转的动力。（ ）

7. 汽车的驱动形式通常用“汽车车轮总数×驱动轮数”来表示，普通汽车一般装有四个车轮，双胎车轮按一个计算。（ ）

三、简答题

1. 汽车传动系的功用是什么？

2．汽车传动系有哪几种常见的布置形式？

四、看图填空

根据图 2–1–1，填写汽车传动系各部件的名称。

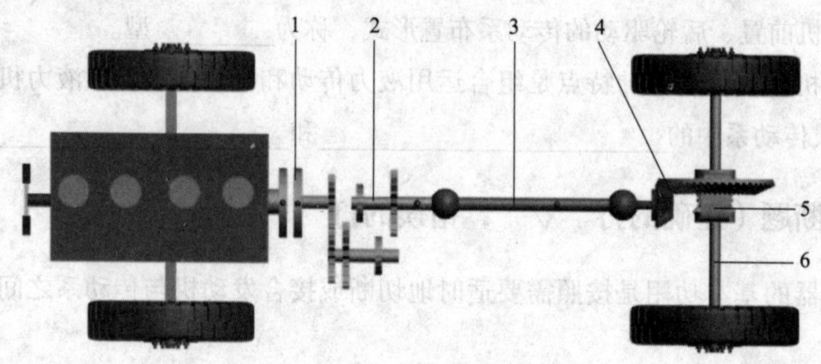

图 2–1–1　汽车传动系的组成

1—________________　4—________________

2—________________　5—________________

3—________________　6—________________

课题❷　离　合　器

一、填空题（将正确答案填在横线上）

1．膜片弹簧式离合器一般由____________、____________、____________和分离操纵机构四部分组成。

2．离合器的分离操纵机构可分为________式和________式。

3．离合器的功用是保证汽车____________、便于____________、防止传动系________。

二、选择题（将正确答案的序号填在括号内）

1．离合器从动盘安装在（　　）上。

A．发动机曲轴　　　B．变速器输入轴

C．变速器输出轴　　D．变速器中间轴

2．离合器从动盘中减振弹簧的作用是（　　）。

A．减少振动　　B．压紧压盘

C．吸收扭力　　D．以上都不是

3．在讨论离合器压盘的功用时，技师甲说压盘将离合器从动盘压在飞轮上，技师乙说压盘离开离合器从动盘使离合器停止转动，甲和乙的说法中（　　）。

A．甲正确　　B．乙正确　　C．两人均正确　　D．两人均不正确

4．压盘表面接触（　　）。

A．变速器主轴　　B．分离轴承

C．离合器从动盘　　D．飞轮

5．离合器踏板自由行程过大，会造成离合器（　　）。

A．打滑　　B．分离不彻底　　C．起步发抖　　D．异响

三、判断题（正确的打“√”，错误的打“×”）

1．离合器主、从动盘之间的摩擦面积越大，所能传递的扭矩也越大。（　　）

2．离合器摩擦片沾油或磨损过大，会引起离合器打滑。（　　）

3．离合器踏板自由行程过小，会造成离合器分离不彻底。（　　）

4．离合器在使用过程中，不允许摩擦片与飞轮及压盘之间有任何相对滑转现象。（　　）

四、简答题

1．汽车传动系中为什么要装离合器？

2．摩擦式离合器有哪些类型？

3．什么是离合器踏板的自由行程？

4．膜片弹簧式离合器有什么特点？

课题3 变速器及分动器

一、填空题（将正确答案填在横线上）

1．变速器自锁装置的作用是防止变速器＿＿＿＿＿＿＿＿，并保证挂挡传动时轮齿以全齿进行啮合。自锁装置由＿＿＿＿＿＿＿＿、＿＿＿＿＿＿＿＿和拨叉轴上的自锁凹槽组成。

2．变速器互锁装置一般由＿＿＿＿＿＿＿＿、＿＿＿＿＿＿＿＿组成。

3．惯性式同步器常用的结构形式有＿＿＿＿式惯性同步器和＿＿＿＿式惯性同步器两种。

二、选择题（将正确答案的序号填在括号内）

1．下列齿轮传动比中表示超速传动的是（　　）。

A．2.15∶1　　B．1∶1　　C．0.85∶1　　D．以上都不是

2．技师甲说从动齿轮齿数除以主动齿轮齿数可以确定传动比，技师乙说从动齿轮转速除以主动齿轮转速可以确定传动比，甲和乙的说法中（　　）。

A．甲正确　　B．乙正确　　C．两人均正确　　D．两人均不正确

3．变速器互锁装置中，中间拨叉轴上互锁销钉的长度应等于（　　）。

A．拨叉轴的直径

B．拨叉轴的直径减去一个互锁凹槽的深度

C．拨叉轴的直径加上一个互锁凹槽的深度

D．拨叉轴的直径减去两个互锁凹槽的深度

三、判断题（正确的打“√”，错误的打“×”）

1．汽车设置变速器的目的是改变发动机的扭矩，增加发动机的功率。（　　）

2．为了防止自动挂挡和自动脱挡，在变速器上设置有互锁装置。（　　）

3．变速器倒挡传动比数值设计得较大，一般与一挡传动比数值相近。这主要是为了倒车时，使驱动轮具有足够大的驱动力。（　　）

4．变速器某一挡位的传动比既是该挡的降速比，也是该挡的增矩比。（　　）

四、简答题

1．变速器有什么作用？有哪些类型？

2．两轴式变速器有哪些特点？

3．同步器的作用是什么？由哪些部分组成？

课题4　自动变速器

一、填空题（将正确答案填在横线上）

1．自动变速器在起步时，由于____________________可连续自动变矩，可使驱动轮上的____________逐渐增加，换挡时动力不中断，发动机维持在稳定的转速，所以可使汽车平稳起步，加速性能好。

2．按齿轮变速系统的类型不同，自动变速器可分为_____________式和_____________式两种。

3．电控液动自动变速器的组成一般包括液力变矩器、齿轮变速系统、换挡执行机构、____________、电子控制系统及冷却系统、过滤系统等。

4．根据摩擦片的冷却方式，双离合变速器可分为________双离合变速器和________双离合变速器。

二、判断题（正确的打“√”，错误的打“×”）

1．随着汽车技术的发展，双离合变速器由于其换挡效率高而被广泛应用在汽车上。（　　）

2．自动变速器按变速形式可分为有级变速和无级变速两种。（　　）

3．行星齿轮式自动变速器结构紧凑，能获得较大的传动比，被绝大多数车型所采用。（　　）

4．相较于湿式双离合变速器，干式双离合变速器的摩擦片散热更好。（　　）

三、简答题

1. 与手动变速器相比，自动变速器在性能上有哪些优点?

2. 液力变矩器主要由哪些部分组成?

3. 行星齿轮变速系统主要由哪些部分组成?

4. 根据图 2-4-1，简述双离合变速器的换挡原理。

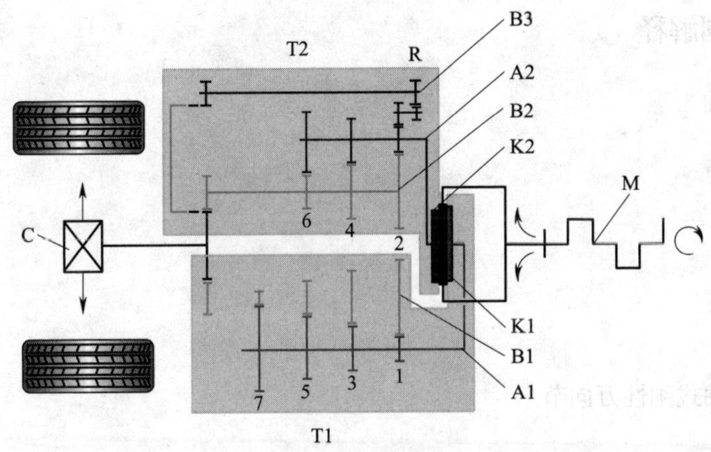

图 2-4-1　双离合变速器原理图

A1—输入轴 1　A2—输入轴 2　B1—输出轴 1　B2—输出轴 2　B3—倒挡轴

C—前桥主减速器　K1—离合器 1　K2—离合器 2　M—发动机

T1—分变速器 1，连着 1 挡、3 挡、5 挡和 7 挡

T2—分变速器 2，连着 2 挡、4 挡、6 挡和倒挡

课题5 万向传动装置

一、填空题（将正确答案填在横线上）

1．按刚度大小，万向节分为________万向节和________万向节。

2．按速度特性，万向节分为____________万向节、____________万向节和____________万向节。

3．等角速万向节主要有________式和________式两种。

4．当传动轴分为两段时，两段之间用万向节连接并加装________________。

二、选择题（将正确答案的序号填在括号内）

1．（　　）负责将变速器（或分动器）传来的转矩传递给主减速器。

A．半轴　　B．万向节　　C．传动轴　　D．中间轴承

2．（　　）能使传动轴在轴间夹角不断变化时正常旋转。

A．滑动花键套　　B．传动轴　　C．中间轴承　　D．万向节

三、名词解释

1．传动轴

2．十字轴式刚性万向节

3．轴的危险转速

四、简答题

1. 万向传动装置主要应用在汽车的哪些地方?

2. 十字轴式刚性万向节有哪些传动特点?要实现等角速传动必须满足什么条件?

3. 万向传动装置的常见故障有哪些?简述其故障现象及原因。

4．根据图 2–5–1，简述球笼式万向节实现等角速传动的条件。

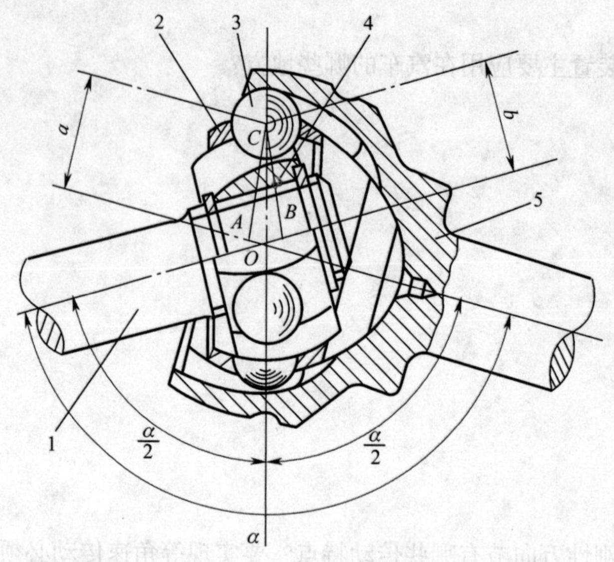

图 2–5–1　球笼式万向节

1—主动轴　2—保持架　3—钢球　4—内球座　5—从动轴

课题6　驱　动　桥

一、填空题（将正确答案填在横线上）

1．主减速器最少有一对齿轮传动，其作用是降低________，增大________，改变动力的________________。

2．某单级主减速器，其主动锥齿轮的齿数为 6，从动锥齿轮的齿数为 39，其主减速比为________。

3．驱动桥可分为________________式驱动桥和________________式驱动桥。

4．差速器行星齿轮有三种运动状态，即________、________和________________。

5．按工作特性分类，差速器可分为________差速器和________差速器。

二、选择题（将正确答案的序号填在括号内）

1.（　　）是主减速器的一部分。

A．行星齿轮　　B．差速器壳　　C．半轴齿轮　　D．行星齿轮轴

2．差速器在传动系中的作用是（　　）。

A．转弯时向两侧车轮等量传递转矩　　B．允许传动系改变传动角度

C．降速增扭　　D．支撑车桥

3．差速器半轴齿轮背面的减摩垫片可用于调整行星齿轮与（　　）之间的间隙。

A．半轴齿轮　　B．半轴　　C．从动锥齿轮　　D．主动锥齿轮

三、简答题

1．简述驱动桥的作用以及其主要组成部件。

2．主减速器内为什么要设置差速器？

3．驱动桥壳的作用是什么？可分为哪几种类型？

4．驱动桥过热的原因有哪些？

四、看图填空

根据图 2-6-1，填写驱动桥各部件的名称。

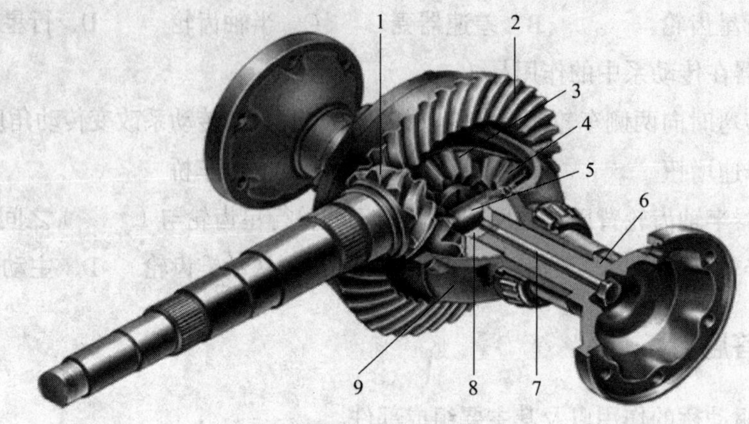

图 2-6-1　驱动桥的组成

1—__________________　6—__________________

2—__________________　7—__________________

3—__________________　8—__________________

4—__________________　9—__________________

5—__________________

模块三　汽车行驶系

课题❶　汽车行驶系概述

一、填空题（将正确答案填在横线上）

1．汽车行驶系一般由________、________、________和________组成。

2．行驶阻力包括________阻力、________阻力和________阻力。

二、简答题

1．汽车行驶系的功用是什么？

2．简述轮式行驶系的受力情况。

三、看图填空

根据图 3–1–1，填写汽车行驶系各部件的名称。

图 3–1–1 汽车行驶系的组成

1—________________　　3—________________

2—________________　　4—________________

课题❷ 车　　架

一、填空题（将正确答案填在横线上）

1. 车架的功用是________、________汽车的各总成，使各总成保持相对正确的位置，并承受汽车内外的各种载荷。

2. 车架可分为________式车架、________式车架、________式车架和综合式车架四种。其中，载货汽车上多采用________式车架，轿车多采用________式车架。

二、简答题

1. 简述边梁式车架的结构特点。

2. 简述无梁式车架的结构特点。

课题3 车 桥

一、填空题（将正确答案填在横线上）

1. 根据其作用不同，车桥可分为____________、____________、____________和____________四种；根据悬架结构不同，车桥可分为____________和____________。

2. 转向桥由__________、__________、__________等主要部分组成。

3. 前轮定位包括____________、____________、____________和____________四个参数。

二、选择题（将正确答案的序号填在括号内）

1. 越野汽车的前桥属于（　　）。

A．转向桥　　B．驱动桥　　C．转向驱动桥　　D．支持桥

2. 转向轮绕着（　　）摆动。

A．转向节　　B．主销　　C．前梁　　D．车架

3. 要使转向操纵轻便，主要应调整（　　）。

A．主销后倾角　　B．主销内倾角　　C．前轮外倾角　　D．前轮前束

4. 改变横拉杆的长度可以调整（　　）。

A．主销后倾角　　B．主销内倾角　　C．前轮外倾角　　D．前轮前束

三、判断题（正确的打“√”，错误的打“×”）

1. 一般载货汽车的前桥是转向桥，后桥是驱动桥。（　　）

2. 汽车在使用中，一般只调整前轮定位中的前轮前束。（　　）

3. 转向轮偏转时，主销随之转动。（　　）

4. 越野汽车的前桥通常是转向桥兼驱动桥。（　　）

5．主销后倾角变大，会使转向操纵力增大。（　　）

四、名词解释

1．转向轮定位

2．主销后倾

3．主销内倾

4．前轮外倾

5．前轮前束

6．转向驱动桥

五、简答题

1．转向桥的作用是什么？

2．主销后倾的作用是什么？

3．前轮外倾的作用是什么？

六、看图填空

根据图 3-3-1，填写转向驱动桥各部件的名称。

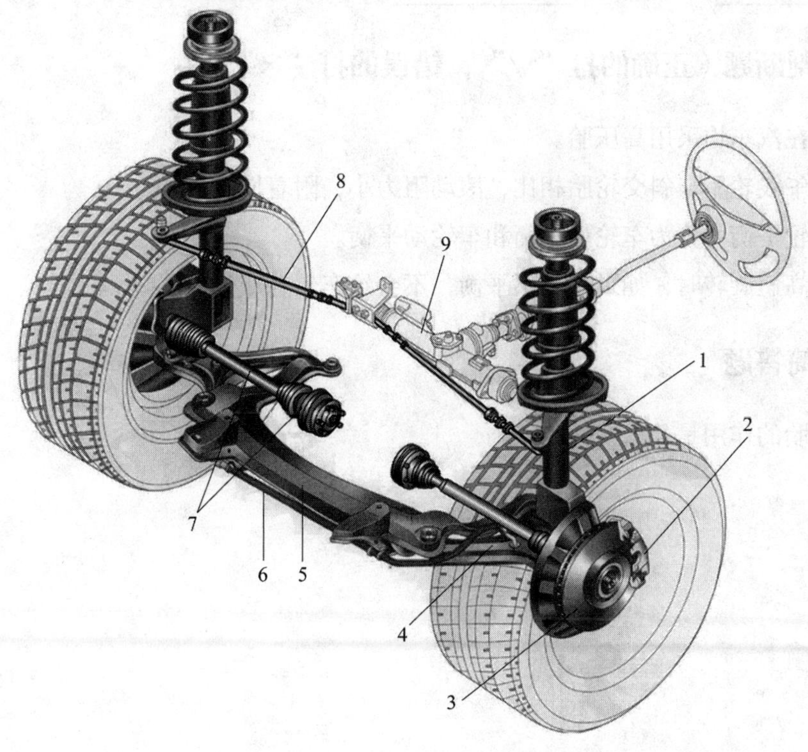

图 3-3-1　转向驱动桥的组成

1—____________________　6—____________________

2—____________________　7—____________________

3—____________________　8—____________________

4—____________________　9—____________________

5—____________________

课题4　车轮与轮胎

一、填空题（将正确答案填在横线上）

1．车轮主要由________、________、________和____________等组成。

2．根据充气压力的大小，轮胎可分为________________、________________和____________三种；根据胎体帘布层结构的不同，轮胎可分为________________和________________两种。

3．轮胎的胎面可分为________、________和________三部分。

4．205/55 R16 91V 轮胎标号中，205 表示______________________________，55 表示______________________________，R 表示______________________________，91 表示________________，V 表示________________。

二、判断题（正确的打“√”，错误的打“×”）

1．现在汽车均采用高压胎。（　　）

2．子午线轮胎与斜交轮胎相比，滚动阻力小，附着性能好。（　　）

3．车轮平衡可分为车轮静平衡和车轮动平衡。（　　）

4．在高速旋转时，如果车轮不平衡，不会给车轮造成任何影响。（　　）

三、简答题

1．轮胎的作用是什么？

2．简述轮胎常见的异常磨损形式及主要原因。

3. 简述车轮不平衡的主要原因。

四、看图填空

根据图 3-4-1，填写盘式车轮各部件的名称。

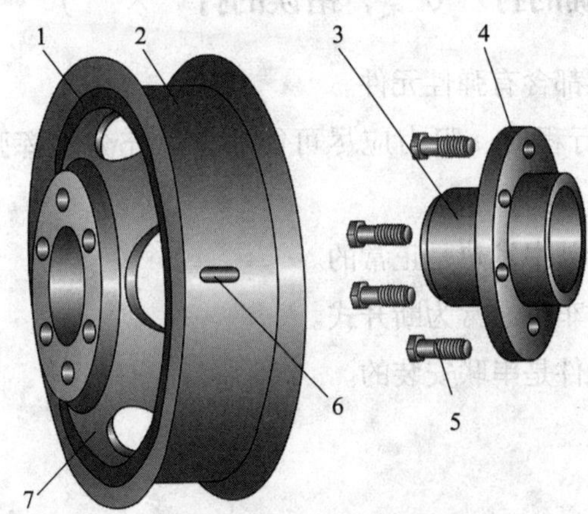

图 3-4-1 盘式车轮

1—__________ 5—__________

2—__________ 6—__________

3—__________ 7—__________

4—__________

课题5 悬 架

一、填空题（将正确答案填在横线上）

1. 悬架一般由________、________、________等组成。
2. 悬架一般可分为__________悬架和__________悬架两大类。
3. 汽车上常用的弹性元件包括__________、__________、__________、__________等。

4. 常见的减振器有________________式减振器和________________式减振器。

二、选择题（将正确答案的序号填在括号内）

1. 下列不属于独立悬架的是（　　）。

A. 钢板弹簧式悬架　　B. 麦弗逊式悬架

C. 双横臂式悬架　　D. 烛式悬架

2. 汽车上广泛采用的减振器是（　　）。

A. 单向作用筒式　　B. 双向作用筒式

C. 摆臂式　　D. 阻力可调式

3.（　　）悬架是车轮沿摆动的主销轴线上下移动的悬架。

A. 双横臂式　　B. 双纵臂式　　C. 烛式　　D. 麦弗逊式

三、判断题（正确的打“√”，错误的打“×”）

1. 所有汽车的悬架都含有弹性元件。（　　）

2. 减振器在伸张行程时，阻力应尽可能小，以充分发挥弹性元件的缓冲作用。（　　）

3. 减振器在汽车行驶中发热是正常的。（　　）

4. 采用独立悬架的车桥通常为断开式。（　　）

5. 减振器与弹性元件是串联安装的。（　　）

四、名词解释

1. 非独立悬架

2. 独立悬架

五、简答题

1．悬架的作用是什么？

2．钢板弹簧的构造有哪些特点？

3．简述双向作用筒式减振器的工作原理。

六、看图填空

根据图 3-5-1，填写悬架各部件的名称。

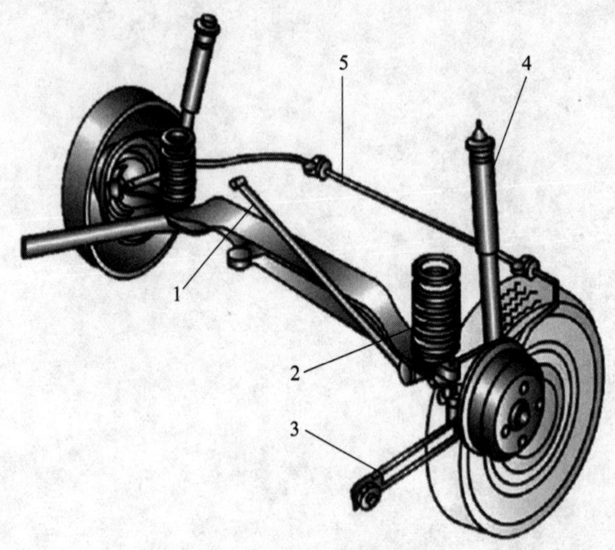

图 3-5-1　悬架的组成

1—________________　　4—________________

2—________________　　5—________________

3—________________

模块四　汽车转向系

课题❶　汽车转向系概述

一、填空题（将正确答案填在横线上）

1. 按转向能源的不同，汽车转向系可分为________转向系和________转向系两大类。

2. 机械转向系一般由__________________________、__________________________、__________________________三部分组成。

二、选择题（将正确答案的序号填在括号内）

1. 轿车的转向器角传动比一般为（　　）。

A. 12 ~ 20　　B. 16 ~ 32　　C. 20 ~ 24　　D. 5 ~ 10

2. 转向系角传动比越大，转向时驾驶员操作（　　）。

A. 越省力　　B. 越费力　　C. 无影响　　D. 视情况而定

三、判断题（正确的打"√"，错误的打"×"）

1. 转向系角传动比越大越好。（　　）

2. 转向系角传动比主要取决于转向器角传动比。（　　）

3. 转向器是一个减速增矩机构。（　　）

四、名词解释

1. 动力转向系

2. 转向系角传动比

五、简答题

1. 转向系的功用是什么？

2. 为了确保安全行驶，对转向系有哪些要求？

六、看图填空

根据图 4–1–1，填写机械转向系各部件的名称。

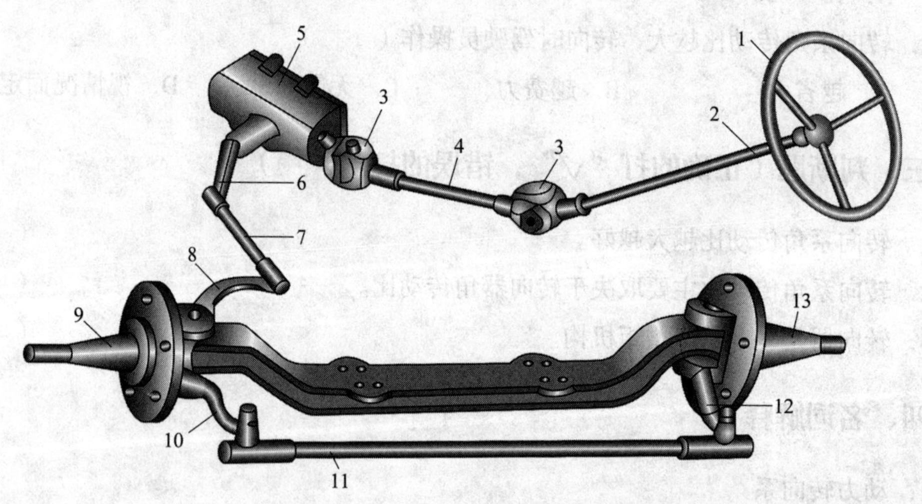

图 4–1–1　机械转向系的组成

1—____________

2—____________

3—____________

4—____________

5—____________

6—____________

7—____________

8—____________

9—____________

10—____________

11—____________

12—____________

13—____________

课题2 转 向 器

一、填空题（将正确答案填在横线上）

1. 按结构形式，转向器分为________式和________式两种。

2. 循环球式转向器一般有两套传动副，一套是________传动副，另一套是________传动副。

3. 转向器是转向系的减速传动装置，一般有______级减速传动副。

4. 按转向器作用力的传递情况，转向器分为______________式、__________式、__________式三种。

二、选择题（将正确答案的序号填在括号内）

1. 经常在良好路面上行驶的汽车，多采用（　　）转向器。

A. 可逆式　　B. 极限可逆式　　C. 不可逆式　　D. 以上均可

2. 中型以上的越野汽车、工矿用自卸汽车，多采用（　　）转向器。

A. 可逆式　　B. 极限可逆式　　C. 不可逆式　　D. 以上均可

三、判断题（正确的打“√”，错误的打“×”）

1. 转向盘自由行程对于缓和路面冲击及避免驾驶员过于紧张是有利的，但过大的自由行程会影响转向灵敏性。（　　）

2. 循环球式转向器传动效率较高，可达 90% ~ 95%。（　　）

四、名词解释

1. 转向盘自由行程

2. 可逆式转向器

五、简答题

1．转向盘自由行程的范围一般是多少？

2．为什么循环球式转向器广泛应用于各类汽车上？

六、看图填空

根据图 4–2–1，填写循环球式转向器各部件的名称。

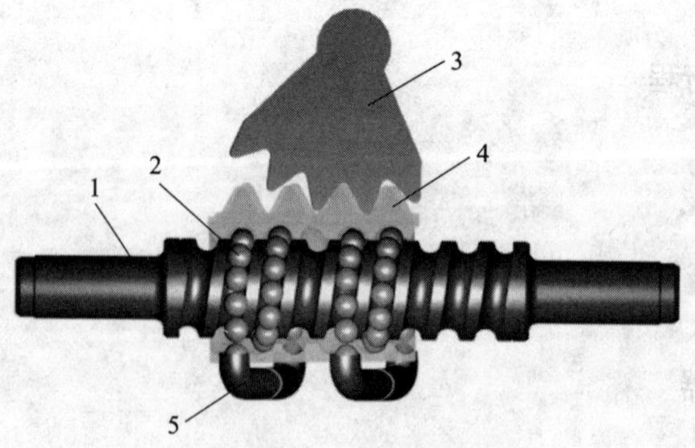

图 4–2–1　循环球式转向器的基本组成

1—＿＿＿＿＿＿＿＿＿＿　4—＿＿＿＿＿＿＿＿＿＿

2—＿＿＿＿＿＿＿＿＿＿　5—＿＿＿＿＿＿＿＿＿＿

3—＿＿＿＿＿＿＿＿＿＿

课题3 转向操纵机构与转向传动机构

一、填空题（将正确答案填在横线上）

1．汽车转向操纵机构主要由＿＿＿＿＿＿、＿＿＿＿＿＿及＿＿＿＿＿＿等组成。

2．与非独立悬架配用的转向传动机构，一般由＿＿＿＿＿＿＿＿＿＿＿＿＿＿＿、＿＿＿＿＿＿＿＿＿＿、＿＿＿＿＿＿＿＿、两个梯形臂和转向横拉杆等组成。

二、选择题（将正确答案的序号填在括号内）

1．转向横拉杆两端螺纹旋向（　　）。

A．都是右旋　　B．都是左旋

C．一端是右旋，一端是左旋　　D．左右旋均可

2．在缓冲吸能式转向操纵机构中，上转向轴与下转向轴通过（　　）连在一起。

A．钢销　　B．塑料销　　C．木销　　D．铁销

3．转向摇臂花键孔端面应比摇臂轴花键端面高出（　　）mm。

A．1 ~ 2　　B．2 ~ 5　　C．3 ~ 8　　D．10 ~ 15

三、判断题（正确的打“√”，错误的打“×”）

1．转向摇臂安装到摇臂轴上时没有位置要求。（　　）

2．国产汽车的转向盘安装在驾驶室右侧。（　　）

四、简答题

1．转向传动机构的作用是什么？

2．缓冲吸能式转向操纵机构有哪几种形式？

五、看图填空

根据图 4–3–1，填写转向盘各部件的名称。

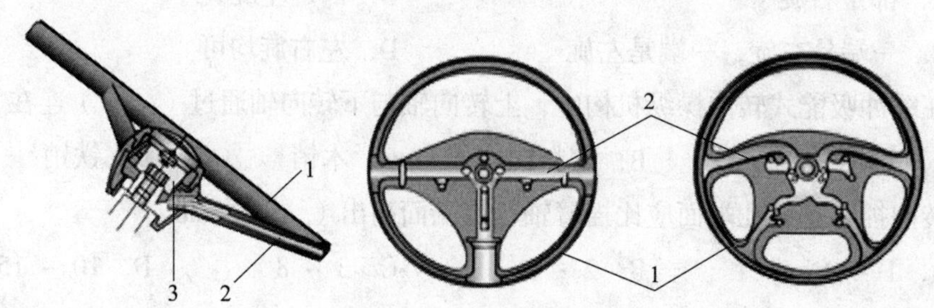

图 4–3–1　转向盘

1—______________

2—______________

3—______________

课题4　动力转向系

一、填空题（将正确答案填在横线上）

1．液压动力转向系由______________、______________、______________、______________、______________等组成。

2．按系统内部压力状态分，液压动力转向系有__________式和__________式两种。

二、选择题（将正确答案的序号填在括号内）

1．在动力转向系中，转向所需的能源来自（　　）。

A．驾驶员的体能　　B．发动机动力

C．A、B 均有　　D．地面摩擦力

2．大众朗逸轿车所采用的动力转向系是（　　）。

A．气压式　　B．电动式　　C．液压式　　D．机械式

三、判断题（正确的打“√”，错误的打“×”）

1．采用动力转向系的汽车，当转向助力装置失效时，汽车也就无法转向了。（　　）

2．液压动力转向系常采用常流式的。（　　）

3．液压动力转向系常采用的油泵是单作用式叶片泵。（　　）

四、简答题

1．常流式液压动力转向系的优点是什么？

2．在汽车转向系中，如何兼顾转向灵敏和转向轻便的要求？

五、看图填空

根据图 4–4–1，填写转阀各部件的名称。

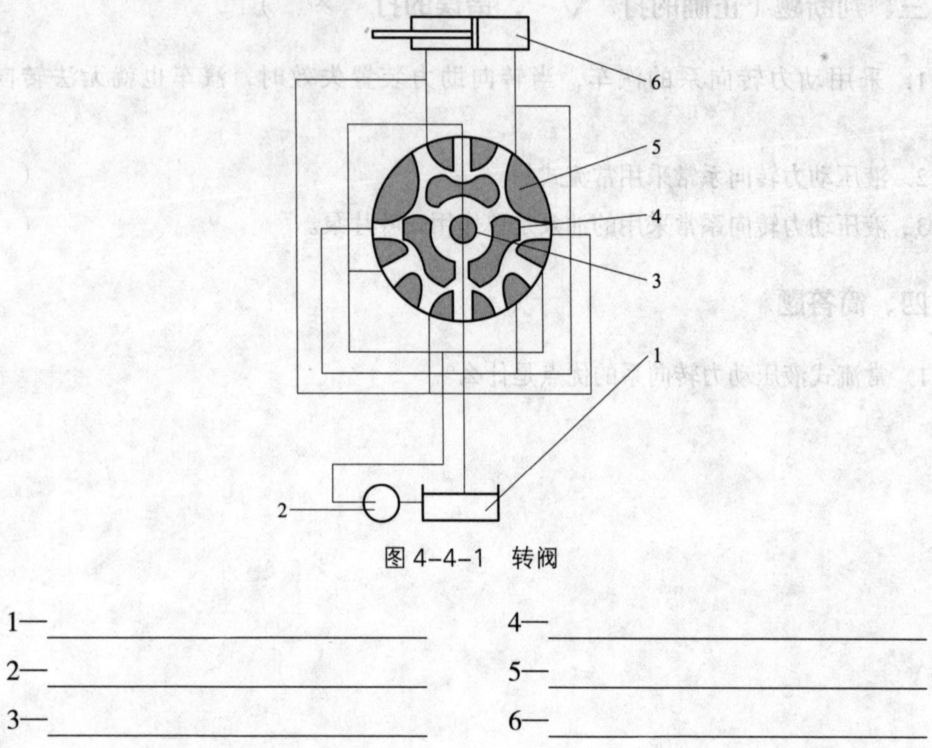

图 4–4–1　转阀

1—＿＿＿＿＿＿＿＿　　4—＿＿＿＿＿＿＿＿

2—＿＿＿＿＿＿＿＿　　5—＿＿＿＿＿＿＿＿

3—＿＿＿＿＿＿＿＿　　6—＿＿＿＿＿＿＿＿

课题5　转向系的故障诊断与排除

简答题

1．机械转向系转向盘自由行程过大的原因有哪些？

2．简述动力转向系转向沉重的故障现象及原因。

模块五　汽车制动系

课题1　汽车制动系概述

一、填空题（将正确答案填在横线上）

1. 制动系一般都具有____________、____________、______________和______________四个基本组成部分。

2. 动力制动系是完全靠由__________的动力转化的_______或_______形式的势能进行制动的制动系。

3. 伺服制动系是兼用_______和________________进行制动的制动系。

二、名词解释

1. 汽车制动

2. 制动力

3. 行车制动系

4. 驻车制动系

三、简答题

1．什么是汽车制动系？制动系有哪些类型？

2．对制动系的要求有哪些？

四、看图填空

根据图 5–1–1，填写液压制动系各部件的名称。

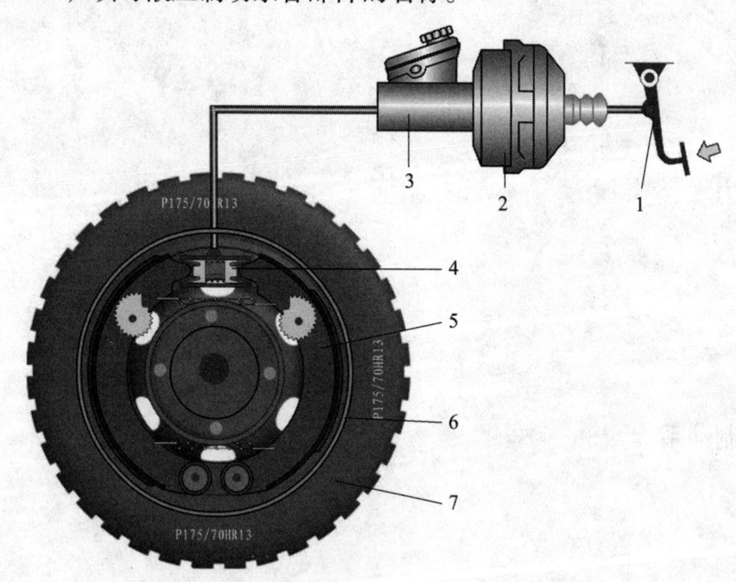

图 5–1–1　液压制动系的组成

1—________________　　5—________________

2—________________　　6—________________

3—________________　　7—________________

4—________________

课题❷ 车轮制动器

一、填空题（将正确答案填在横线上）

1. 目前各类汽车所用的摩擦制动器可分为________和________两大类。
2. 制动器的领蹄具有________作用，从蹄具有________作用。
3. 凸轮式制动器的间隙是通过____________________来进行局部调整的。
4. 根据固定元件的结构形式，盘式制动器可分为________式和________式。

二、选择题（将正确答案的序号填在括号内）

1. 领从蹄式制动器一定是（　　）。
   A．等促动力制动器　　B．不等促动力制动器
   C．非平衡式制动器　　D．以上三个都不对
2. 双向双领蹄式制动器固定元件的安装是（　　）。
   A．中心对称　　B．轴对称　　C．A、B 均对　　D．A、B 均不对
3. 速腾轿车后轮盘式制动器间隙的调整方式为（　　）。
   A．不能调整　　B．自动调整
   C．人工调整　　D．以上都不对
4. 定钳盘式制动器的特点是（　　）。
   A．制动钳尺寸过大　　B．油缸较多
   C．制动液易汽化　　D．以上都对
5. 速腾轿车前轮制动摩擦片厚度标准值为 14 mm（不包括背板），磨损极限为（　　）mm（不包括背板）。
   A．2　　B．3　　C．4　　D．5
6. 速腾轿车前轮紧固力矩标准为（　　）N · m。
   A．100　　B．110　　C．120　　D．130
7. 速腾轿车前轮制动盘厚度标准值为 25 mm，磨损极限为（　　）mm。
   A．2　　B．4　　C．20　　D．22

三、判断题（正确的打“√”，错误的打“×”）

1. 等促动力的领从蹄式制动器一定是简单非平衡式制动器。（　　）
2. 无论制动鼓正向旋转还是反向旋转，领从蹄式制动器的前蹄都是领蹄，后蹄都是从蹄。（　　）
3. 等位移式制动器是平衡式制动器。（　　）

4．简单非平衡式车轮制动器在汽车前进与后退时制动，制动力相等。　（　　）

5．在动力制动系中，驾驶员的肌体不仅作为控制能源，还作为部分制动能源。

（　　）

6．只要增大制动管路内的制动压力，就可加大制动器的制动力矩，从而增大制动力。　（　　）

四、名词解释

1．制动器

2．车轮制动器

3．中央制动器

4．轮缸式制动器

5．凸轮式制动器

6．楔式制动器

7．领蹄

8．从蹄

9．钳盘式制动器

五、简答题

1．什么是摩擦制动器？它是如何分类的？各自的结构特点有哪些？

2．轮缸式制动器有哪几种形式？

3．什么是非平衡式制动器？

4．什么是双向双领蹄式制动器？它有什么优点？

5．什么是双向自增力式制动器？

6．怎样调整凸轮轴式制动器的间隙？

7．钳盘式制动器可分为哪几类？它们各自有何特点？

六、看图填空

根据图 5–2–1，填写浮钳盘式车轮制动器各部件的名称。

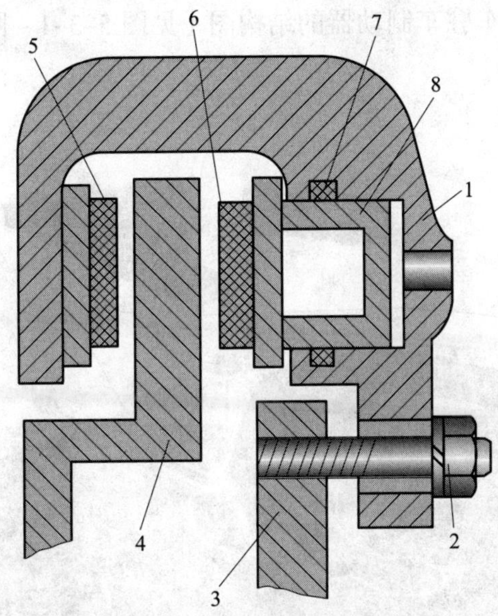

图 5–2–1　浮钳盘式车轮制动器

1—________________　5—________________

2—________________　6—________________

3—________________　7—________________

4—________________　8—________________

课题③　驻车制动器

一、填空题（将正确答案填在横线上）

1. 按安装位置，驻车制动器可分为________式和________式两种。

2. 中央式驻车制动器通常安装在________________的后面，其制动转矩作用在________________上。

3. 车轮式驻车制动器通常与________________共用一个制动器总成，只是________________相互独立。

4. 按结构形式，驻车制动器可分为________式、________式、________式。

二、判断题（正确的打"√"，错误的打"×"）

1. 装有强力弹簧式驻车制动器的汽车在气源或气路发生故障时，不能对驻车制动气室充气，则弹簧将处于伸张状态，汽车不能保持制动。（　　）

2．驻车制动没有渐进控制的要求，所以驻车制动阀一般只是一个气动开关。（　　）

三、简答题

1．根据下面速腾轿车驻车制动器的结构图（见图 5-3-1 ~ 图 5-3-3），简述速腾轿车驻车制动器的工作过程。

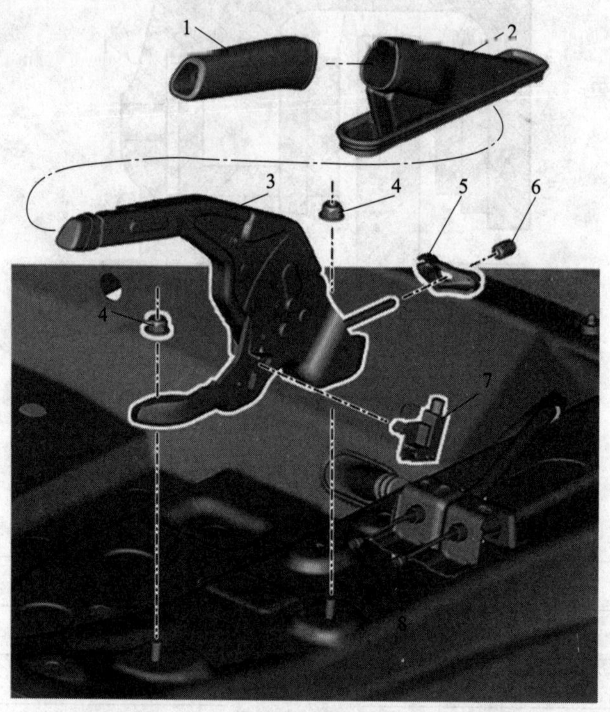

图 5-3-1　驻车制动器操纵机构前部

1—手柄　2—驻车制动拉杆罩　3—驻车制动拉杆　4—螺母　5—平衡托架　6—调整螺母　7—驻车制动器开关　8—驻车制动器拉索

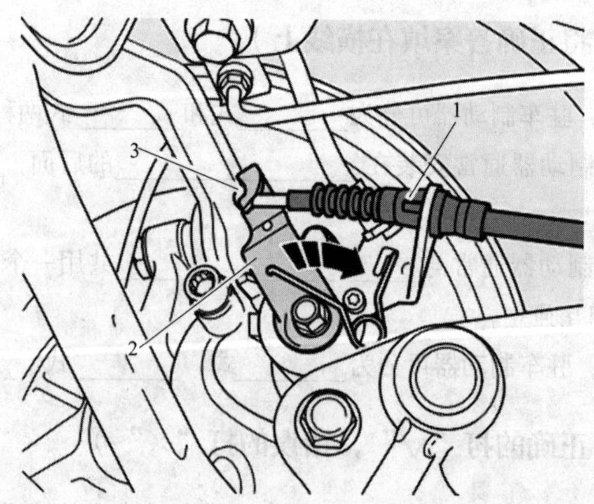

图 5-3-2　驻车制动器操纵机构后部

1—驻车制动器拉索锁止凸耳　2—制动钳拉杆　3—驻车制动器拉索球头

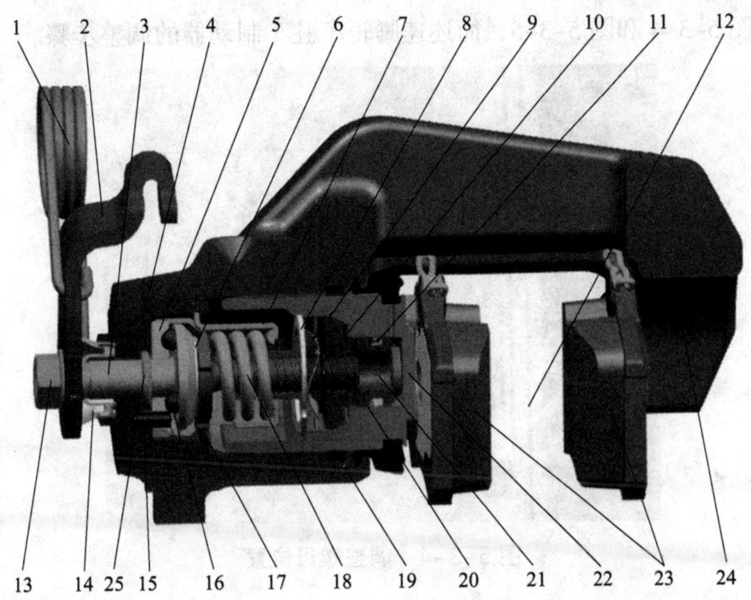

图 5-3-3　后轮驻车制动器

1—扭簧　2—制动钳拉杆　3—操作轴　4—导套　5—滑盘　6—轴承板　7—弹簧座
8—活塞卡簧　9—弹簧垫圈　10—滚动轴承　11—O 形环　12—制动盘（未画出）
13—螺母　14—衬套　15—定位销　16—钢球　17—卡簧　18—压簧　19—密封环
20—螺杆　21—螺母调节器　22—活塞　23—制动摩擦片　24—钳体　25—密封圈

2．根据图 5-3-4 和图 5-3-5，简述速腾轿车驻车制动器的调整步骤。

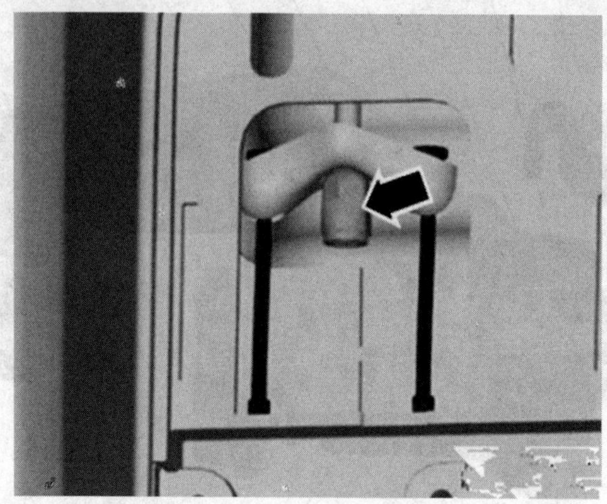

图 5-3-4　调整螺母位置

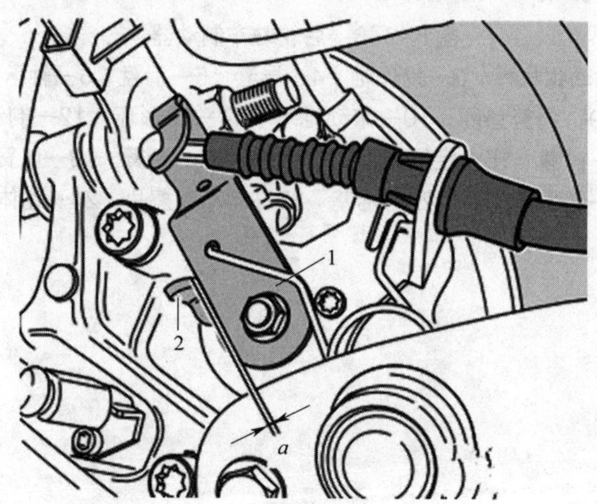

图 5-3-5　制动钳拉杆和挡块间隙

课题4 制动传动装置

一、填空题（将正确答案填在横线上）

1. 按传力介质不同，制动传动装置可分为＿＿＿＿＿＿式、＿＿＿＿＿＿式和＿＿＿＿＿＿式。

2. 制动主缸的作用是将制动踏板输入的＿＿＿＿力转换成＿＿＿＿力。

3. 制动轮缸的作用是将＿＿＿＿＿＿传来的液压力转变为使＿＿＿＿张开的机械力。

4. 制动轮缸主要由＿＿＿＿、＿＿＿＿、＿＿＿＿、＿＿＿＿和放气螺钉等组成。

二、判断题（正确的打“√”，错误的打“×”）

1. 液压制动主缸的补偿孔堵塞，会造成制动不灵。（　　）

2. 真空助力器失效时，制动主缸不能产生制动液压力。（　　）

3. 双管路液压式制动传动装置中，若其中一套管路发生故障而失效时，另一套管路仍能继续起制动作用。（　　）

4. 制动踏板没有自由行程不会对制动性能造成影响。（　　）

三、简答题

1. 制动传动装置的作用是什么？

2. 简述液压式制动传动装置的基本组成。它主要有哪几种布置方案？

3. 真空助力器由哪些部分组成？真空助力器的作用是什么？

课题5 防抱死制动系统（ABS）

一、填空题（将正确答案填在横线上）

1. 汽车在制动过程中，车轮的运动可以划分为三个阶段：________、________、________。

2. 附着力是轮胎与________之间的摩擦力，其大小取决于二者间的垂直载荷和________。

3. ABS 通过使趋于抱死车轮的制动压力循环往复地经历保持—减小—________过程，而将趋于抱死车轮的________控制在最大附着系数的范围内，直至汽车速度减小到很低或者制动主缸的压力不再使车轮趋于________。

二、选择题（将正确答案的序号填在括号内）

1. 汽车制动时，制动力 F_B 与车轮和地面之间的附着力 F_A 的关系为（　　）。

A. $F_B < F_A$　　B. $F_B > F_A$

C. $F_B \leqslant F_A$　　D. $F_B \geqslant F_A$

2. 汽车制动时，若车轮制动力 F_B 等于车轮与地面之间的附着力 F_A，则车轮（　　）。

A. 做纯滚动　　B. 做纯滑移　　C. 边滚边滑　　D. 不动

3. 在汽车制动过程中，当车轮抱死滑移时，路面对车轮的侧向力（　　）。

A. 大于零　　B. 小于零　　C. 等于零　　D. 不一定

4．汽车与地面的附着系数（　　）。

A．与轮胎类型无关

B．在制动过程中随滑移率的变化而变化

C．在制动过程中始终为常数

D．在制动过程中逐渐减小

5．绝大多数汽车 ABS 都具有的传感器为（　　）。

A．轮速传感器　　B．车速传感器

C．减速度传感器　　D．压力传感器

6．汽车 ABS 在紧急制动时有（　　）种工作状态。

A．1　　B．2　　C．3　　D．4

7．ABS 将汽车滑移率控制在（　　）。

A．10% ~ 15%　　B．15% ~ 30%

C．20% ~ 30%　　D．30% ~ 40%

8．当车轮抱死时，（　　）。

A．纵向附着系数最大　　B．横向附着系数最大

C．纵向附着系数最小　　D．横向附着系数几乎为零

三、判断题（正确的打“√”，错误的打“×”）

1．汽车制动的最佳状态是出现完全抱死的滑移现象。（　　）

2．汽车制动时，作用在车轮上的制动力随着踏板力的增加而增加。（　　）

3．如果 ABS 出现故障，则汽车制动系将不能工作。（　　）

4．汽车在制动过程中，附着系数为常数。（　　）

5．汽车在车轮抱死时，横向稳定性极差。（　　）

四、名词解释

1．防抱死制动系统

2．滑移率

五、简答题

1．汽车制动时车轮抱死会产生什么后果？

2．简述 ABS 的组成及工作原理。

六、看图填空

根据图 5-5-1，填写 ABS 各部件的名称。

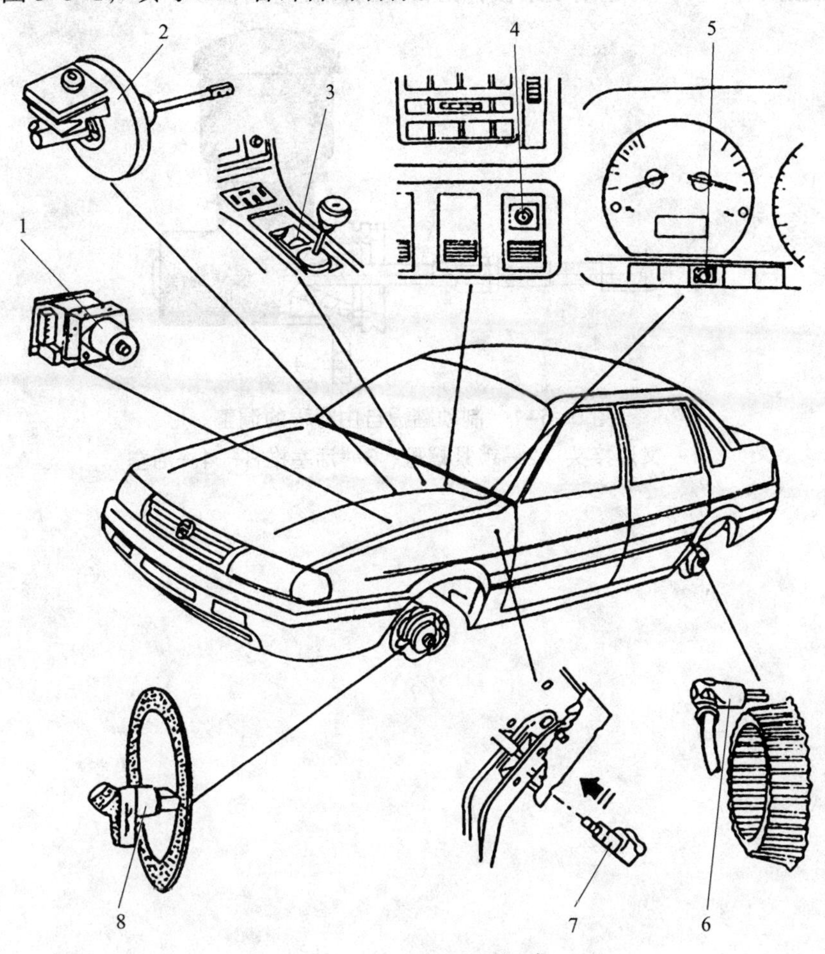

图 5-5-1 ABS 的组成

1—________________ 5—________________

2—________________ 6—________________

3—________________ 7—________________

4—________________ 8—________________

课题6 制动系的检查与调整

一、填空题（将正确答案填在横线上）

1. 制动踏板自由行程是________与________之间间隙的反映。
2. 制动踏板自由行程的调整大多通过调节________长度来实现。

二、简答题

1．根据图 5-6-1，简述制动踏板自由行程的检查与调整步骤。

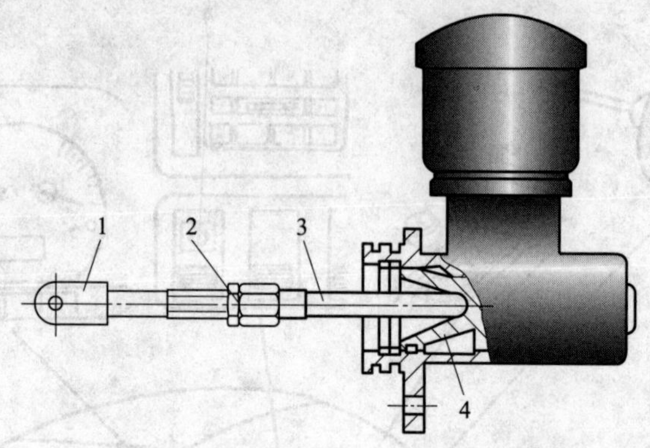

图 5-6-1　制动踏板自由行程的调整

1—叉形接头　2—锁紧螺母　3—活塞推杆　4—活塞

2．怎样进行真空助力器的就车检查？